Dieses Buch gehört:

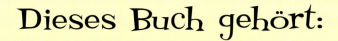

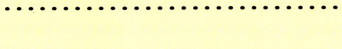

Texte von Jillian Harker

Illustrationen von Rachael O'Neill

Copyright © für die deutsche Ausgabe
Parragon Books Ltd
Queen Street House
4 Queen Street
Bath BA1 1HE, UK

Übersetzung: Helene Weinold-Leipold, Violau
Redaktion und Satz: trans texas publishing, Köln

ISBN 978-1-4075-2377-4
Printed in China

Komm, wir teilen!

Bath New York Singapore Hong Kong Cologne Delhi Melbourne

Gutes Benehmen von klein auf!

Jedes Kind sollte frühzeitig lernen, anderen höflich und freundlich zu begegnen. Die Geschichten in diesen Büchern machen das Erlernen von Umgangsformen zu einem echten Vergnügen.

So können Sie selbst dazu beitragen, dass gutes Benehmen Ihren Kindern Freude macht:

* Lesen Sie in einer ruhigen Stunde die Geschichten zusammen mit Ihrem Kind. Die lustigen Reime wird es bald auswendig können.

* Sprechen Sie nach jeder Frage mit Ihrem Kind darüber, was jetzt zu sagen oder zu tun wäre. Lassen Sie Ihr Kind Vorschläge machen. Wenn es selbst mitmachen darf, lernt es leichter.

* Anhand der letzten Seiten dieses Buches können Sie überprüfen, ob Ihr Kind verstanden hat, wann es das Gelernte anwenden sollte. Für jede richtige Antwort gibt es einen Stern zur Belohnung.

* Belohnen Sie gute Manieren im Alltag mit reichlich Lob und mit einem Aufkleber aus diesem Buch.

„Das macht bestimmt Freude,
drum sehe ich dich lachen.
Teilst du den Ball mit mir?
Dann kann ich mitmachen."

„Ich teile gern den Ball mit dir!

Meister in guten Manieren

Komm und spiel mit mir!"

Das macht bestimmt Freude,
und ich wäre gern dabei!
Teilst du deinen See mit mir?
Da drin ist Platz für zwei."

Schau!

„Ich teile gern den See mit dir.

Komm herein und spiel mit mir!"

„Das macht bestimmt Freude,
Ich möchte auch gern graben,
hab aber keine Schaufel mit.
Kann ich bitte deine haben?"

„Ich teil das Spielzeug gern mit dir.

Komm und spiel mit mir!"

„Das sieht lecker aus,
und du sitzt ganz allein.
Gibst du uns bitte etwas ab?
Das wäre fein."

„Nein!
Was fällt euch denn ein?
Ich ess alles ganz allein!"

„Es tut mir leid! Mir wird klar,

wie gemein ich zu euch

Teilen me
Freude!

acht

„Das Picknick reicht für viele Esser

und schmeckt gemeinsam eh viel besser."

Was tust Du da?

Was tust Du, wenn ein anderes
Kind mitspielen will?

Wenn Du „Lass uns teilen!" gesagt hast,
war es richtig.

Was tust Du, wenn jemand auf
Deinem Lieblingsplatz sitzen will?

Wenn Du „Lass uns teilen!" gesagt hast,
war es richtig.

Wenn Du an den richtigen Stellen „Lass
uns teilen!" gesagt hast, dann hast Du
Dir vier Sterne als Belohnung verdient.

Was tust Du, wenn ein Kind
mit Deinen Sachen spielen will?

Wenn Du „Lass uns teilen!" gesagt hast,
war es richtig.

Was tust Du, wenn jemand
etwas vom Essen abhaben möchte?

Wenn Du „Lass uns teilen!" gesagt hast,
war es richtig.

Gut gemacht!

Ich teile!

Ich teile gern!